자 리

양윤정 시집

자 리

현대시문학사

양윤정은 서울에서 태어났으며, 2003년 창조문예 신인문학상과 2005년 현대시문학 신인상을 수상하여 등단한 시인이다. 산업디자인을 전공하였고 각종 디자인상을 수상한 그래픽디자이너로써 현재까지 예술작업에 다양하고 활발한 활동을 하고 있다. 또한 현대시문학사에 미술평론을 연재하였고, 카피라이터로도 활동 중에 있다.

자리

초판 1쇄 발행 2013년 10월 5일

지은이 | 양윤정
펴낸이 | 양태철
디자인 | 양윤정
사 진 | 최 건
펴낸곳 | 현대시문학사

등 록 | 1999년 6월 11일(제13-619호)
주 소 | 서울시 강남구 역삼동 603-3 타비쉬빌딩 501
전 화 | 대표 02 512 0246
홈페이지 | http://www.koreanpoetry.com/
전자우편 | eosusas@hanmail.net

ISBN 9-788990-520760-03810

그대 없는 외딴 마음과
아직도 거쳐야 할 시간의 관문들은 정정하지만
막혀있어 더 핼쑥했던 생각들의 빗장을 풀어
강단剛斷 있게 대면하고 싶습니다
이곳을 다시 올 땐 여유와 풍성한 마음만이
가득하였으면 좋겠습니다

그러나 내일도
그대는,
그립습니다.

「그대는, 그립습니다」 中에서

회상과 기대의 교차점에서

아쉬움이 더 크게 자리한 시간 속에

그늘을 찾듯 잠시 쉬어 숨을 고른다.

방황과 순수 그리고 이성과 무수한 감정의 표현들에

아직도 식지 않은 따듯한 체온으로 살고 싶기에..

너무도 짧고, 긴 생 속에서

고독과 아름다움의 이력을 남기어 공존하고

오늘 더 많이 사랑하겠노라 고백한다.

오랜 시간동안 듬성듬성 써두었던 글들을 이제야 겨우 꺼내어 엮어봅니다. 진희와 함께 기쁨을 나누며, 하나님께 영광 드립니다. 아울러 나타내기엔 부족한 글들이지만 그래도 정리하는 마음이 한결 달고 풋풋했습니다. 더욱 겸손한 맘으로 함께 해주신 모든 분께 감사드립니다.

2013년 가을

양윤정

차례

자리

태어나며

아기였고

유년기와 청소년, 청년기를 보내고

중년을 맞이하여

장년과 노인이 되며

흙이 되는

삶의 모든 자리 중에

나는 엄마라는 자리가 제일 포근하다

우리는 모두 소중한 위치의

서로를 위한 자리들이다.

「자리」 전문

척박한 공간에 뿌리를 내리고도

어느 틈엔가 존재를 알리는

너는

빛보다 아름다구나

사랑하고, 사랑하고
사랑한다.

삶이 지나간다

밤사이 바람은 구름을 모두 삼키고
태연히 물과의 경계를 지웠다
하늘을 가리려다 손가락 사이로 쏟아지는 빛 조각에
고개를 떨군다
키 작은 담벼락위로 작두콩 날을 달구고,
쑥부쟁이 허옇게 변해있다
계절에 노출되어 욱신욱신 몸살을 앓다가 병원을 나선다

백운산 고개로 들어가는 열시 십오 분 버스는
연기를 달달 뿜으며 섬진교를 지난다
하동 장을 보고 오는 노인의 등 굽은 머리에는
큼지막이 얹은 보따리 주둥이 속 양파를 담은 주황색 망사가
숨을 쉬고 있다
건너편 경운기 요란하게 진동하며 검정고무 끈에 매달린
짐들은 위태롭게 주인을 따라간다

허름한 병원, 불편한 의자에 앉아 순서를 기다리다
이름이 불러지면 짧은 진료 몇 마디와 바늘 끝에 힘이 들어가고
쏴하게 약기운이 도는 엉덩이를 문지르다 약봉지를 쥔 채 버스 시간을 계산한다

터미널 버스 노선을 바라보던 시선 끝
구깃구깃 알코올이 밴 남자는 의자위에 웅크리고,
자일리톨껌을 든 할머니는 잇몸으로 말을 건다
갖가지 짐들이 삐딱하게 줄을 서고,
도시 행 버스 헛기침에 출발 시간이 깜빡인다

지루하거나 빠른 동선을 그려지는 각자의 삶 사이로
엄마의 등에 얼굴을 부비던 아가의 눈 커플이 내려 앉는다
소음 안에 순간을 접하고 영원을 만나는 세상이
곤고한 맘속에서도 박하처럼 맵고 맛있게 지나간다.

궁정적 전환

단단히 여미고 유난히 움츠렸던 터널 속에서 삶을 반추하며 우울의 고치를 벗으려 한다. 대기를 호흡하던 흩어진 찬 공기는 봄을 멀게만 밀어냈지만, 마음엔 꽃을 피워보리라. 햇볕에 살균하고 폭폭한 바람이 지나가면 하늘냄새가 배이도록 가슴을 넓게 펴본다. 숨겨두었던 감정의 찌꺼기 모두 내와 현실의 고뇌를 지우려 함은 나를 바라봐 줄 너를 만났기 때문에 삶의 방향의 틀을 네게로 돌리려한다. 너의 이름은 희망이기에..

자만

달이 너무 밝구나
별을 가렸어
너무 튀니깐 꿈들은 사라진거야
하긴 다 보이면 재미없겠지

하지만 해가 뜰 텐데.

유치幼稚하지만

나의 눈을 멀게 하는 눈부신 태양,
내 삶은 그대 없인 아무 의미가 없다

사랑하고, 사랑하고
사랑한다.

진희

하나님은 진정 나를 사랑하신다
심장하나 주셔서 기대어 숨 쉴 수 있도록 하셨다

내 심장,
나의 딸 진희.

사랑하자, 사랑하라

매일 보는 것은 안정감과 식상함이 공존한다. 정직한 초침과 일사불란한 우주의 질서 속에서도 우리는 우연을 생각하며 초월에 대한 기대감을 갖는다. 다른 것에 대한 설렘, 낯선 곳과의 만남 또는 오래돼서 편안한 모든 인연은 언제나 신선한 바람 같으니, 계절이 오가는 곳에서 더 많이 사랑하자. 낡았으나 빛이 나고 새로 지었으나 어두운 동굴 같은 이나, 무너지는 시간을 부여잡고 나아가기를 두려워하는 존재이라도 변화하는 오늘은 더 가치 있기에 사랑하라고, 인생의 기억은 사랑함으로 완성되고 아름다워진다고.

이불을 널다

사월이 가까이 있다
볕이 좋은날 바지랑대 흔들대는 긴 줄 위로 이불을 널며
나도 걸려 균을 죽인다

처마 밑 시퍼렇게 엮인 거미줄을 싸리 빗자루로 털어내고
마당 돌계단 싹싹 쓸어 말끔히 정리한다
햇살을 먹고 바람을 품어 솜 안에 불룩하게 살이 오른
이불을 방망이로 툭툭 쳐 걷어낸다

코끝으로 전해오는 생의 냄새들,
내 집엔 계절이 없다 막았대도
어둠으로 흥건했던 자아를 쓸어내며, 어느새 봄을 안는다.

하루를 보내며

느슨하고 모자란 시간에 놓여

하루의 끝점을 확인하려는 순간은 쓸쓸하다

스스로에게만 관대하던 마음가짐 속,

풀리지 않던 일과를 타인 때문이라며 화살을 돌렸던

머릿속 기억들을 구겨버린다

바쁜 도시에 홀로 정체되어있는

휑한 인생의 자리는 무엇으로 채울 수 있을까.

포옹

돌아선 걸음이 내키지 않는다면
그냥 지나치셔도 좋습니다

먼 거리 아련한 기억만큼 희미해지고
서늘한 바람만 가슴에 담겨
어둠이 짙게 내린 지쳐버린 어느 날의 그때라도
아직도 변함없을 나이기에
그저 내게로 와도 좋습니다.

미련

어디까지, 얼마만큼 가면 삶에서 멀어질 수 있을까요
편안하게 스치는 바람이 될 수 있을까요

그냥 주저앉게 되는 건 아직 날 버리지 않음 인가요.

숲을 걷다

하늘에 다다를 듯 높게 뻗은 나무는 빛을 조각내고
잎 사이로 살랑대는 바람에 걸음이 부드럽다

반질반질 넓적한 돌이 인자하게 웃고
바라는 것도 없이 베풀며 보듬는 숲의 온기를 느끼면
사랑이 하고 싶다.

그리움 1

쉼 없이 달릴 때에도 바람에 흔들리는 그네처럼
공허함은 떠나지 않고
주머니 속 핸드폰을 만지작거리며
참으로 아련한 마음을 삭히어 바라보는 시선엔
하늘만이 뿌옇게 가라앉습니다
시나브로 깊어가는 잎새에 바람을 말아 허기를 달래보며
언젠가는 싹이 오를 가지들을 톡톡 건드려봅니다.

그리움 II

묵직한 하늘, 앙상한 가로등빛 힘없이 너울대고,

도로위로 지나치는 무수한 불빛과

순간순간 굉음을 내는 덩어리들 사이로 일그러지던 자아는 길을 잃었다

깊은 시각, 공허만이 맴도는 한강

술에 취한 행인은 죽어라 욕을 하고

밤바람은 무심히 그네를 탄다

펄떡대는 그리움에 말라버린 심장이 강물로 처박힌다

천만년 미동 없이 너만 생각하려는.

배꽃 밭

라디오에선 첼로소리 흐드러지게 가슴을 적신다
녹슨 맘이 쇳가루에 젖고 음악에 만취된다

골목 돌아 천씨네 배 밭엔
배꽃이 물안개처럼 천지에 허옇게 웃는다
즐비하게 알맞은 거리에서 줄기마다 손을 뻗치고
음악보다 아름다운 빛깔은 오련하다
신문지 옷을 입고 점차 불룩해질 볼에 주근깨가 생기고
속속들이 야무지게 커나가겠지

많은 것을 잃고 망망함으로 내려간 시골 생활에
휑하게 숨을 몰아 자식을 생각할 엄마가 그리워
서울에선 보기 힘든 배꽃들이 함박 있는 이곳에서
좋은 구경하고 있다는 핑계를 들어볼까
전화기만 바라본다
꽃잎 같은 눈물이 천지에 떨어진다.

매화

잔바람에도 흔들리는 작고 여린 잎이
연일 눈이 부신 햇빛에 닿아 찬연한데
기억과 맞닿은 심장의 상처는 더욱 쓸쓸하여
온산 가득 날리는 희고 흰 향기에 아리고 아리다.

봄이 간다

목련 일그러지고 개나리 잎이 나고
철쭉은 발그레 화장이 잘도 받았다

청산에 과부가 된 감나무 집 고씨는 종가 집에 시집와
기우는 시간을 받쳐서며 팔자를 안았는데,
변함없이 봄만 되면 신경통은 더해지고
여기저기 두드리다 텃밭으로 자리를 옮겨가며,
취 잎들을 거침없이 뚝뚝 잘라
허기에 된장 얹고 밥을 몰아 한 입에 쑤셔 넣었다

암수술로 오랜 투병에 주름만 깊은 몸으로
초라하게 늙은 기와 밑에서 오전 내 바지런을 떨었다
넓은 마당에 인부들로 가득했던 오래전 시절은 잊혀지고
햇빛이 드러누은 마당의 누렁이는 꼬리치며 혀를 길게 낸다

겨울이 지나간 길목에서, 봄과 만나는 삶의 기후위로

올봄이 또 그렇게 지나간다.

몸살

억센 비가 온 줄로 알았다
땅은 건조하고 떨어진 잎이 하나도 없는 마당을 보기 전엔

온몸에 멍이든 줄 알았다
살갗이 그대로 웅크리고 있는 것을 보기 전엔

그리고
죽어버린 줄 알았다
그리움은 조금도 비워지지 않은 채
창가로 넘어 온 햇살을 보기 전엔.

상념

열려진 창 넘어 병풍처럼 늘어진 대숲 사이사이 빛들이 떨어지는 봄, 뒤 네 집에 상여가 나간다. 만장을 따라, 상두꾼의 소리를 따라 인도자들은 어깨로 묵직한 시간을 짊어지고 양선에 길을 내며 이제가면 오지 않을 곳과 서서히 멀어진다.

재작년 봄 마누라 보낸 후 말수가 적어진 허노인은 아들 따라 문서를 보내고, 서울 간다 하더니 달도 못 넘긴 채 내려와 아궁이 불이 그립다며, 한겨울 땔감을 쑤셔 넣었다. 매화는 지고 진달래 수줍게 웃으며 불쏘시개 냉기만 남던 날, 고된 삶의 늙어진 주름을 환히 올리고, 꽃 장식 두둑이 달아 재 너머 양지바른 곳에서 볕을 마신다.

구전처럼 마을을 맴돌던 시간은 뒤로 가고, 삶의 회안은 점차 엷어지다 추모의 문이 닫힌다. 야트막한 담벼락엔 조막 잎들이 무성하고, 달막고모 손에 끌려갔던 장군이가 아궁이 옆에 자리를 잡는다. 서울서 온 날 젤 먼저 꼬리 흔들던 장군이가 마지막까지 눈으로 꼬리를 흔들며 길게 눕는다.

미움

떠나갈 때 검은 구름하나가 심장으로 들어왔다

어둠이 배이고 독기가 출렁이는 검붉은 물결이 심장을 덮었다.

이름, 이제는 보낸다

서성거리는 바람
비는 가셔도 안개는 그대로 남아 물안개가 퍼진다

그대를 보내고 만년을 지내며,
웃으면 무탈해 보여 내게 오지 않을까 웃지도 않으며
울면 부담스러워 할까 눈물도 말렸었다

이제는 그대이름보다 내 이름에 기대어 살자고
가슴에게 웃기도 하고 울기도 하라고
모래위에 그대이름 쓰고 그 모래를 먹는다

바다에 잠재하는 수많은 이름들이
시간의 상처를 치유하러 서로에게 공존하는 지평선위로
흩어지는 구름을 바라보며 바다 속으로 들어간다.

부질없는

연습을 하듯
두 손 곱게 얹어 눈을 감았다

부질없는 짓

수천 번 연습해도
잘할 수 없는 일

그래도 포기되지 않는 것

죽음 그러나
삶.

이별 후

연일 비는 그치지 않았다
서글픈 하늘 속 혈관이 되고 맥박이 되던 그대만 존재된
시간의 구성은 온 몸을 적신다

그대 없다는 것을 몸서리치게 깨달으면서도
살기에 몹시도 허기가진 심장은 빠르게 숨을 들이켜고
하루가 일 년이 그리고 지난다

문득 시간의 흔적이 희미해진다면...

동작대교를 지나며

늦은 시각 서울역 계단을 뛰어내린다
오이도행 열차가 떠난 자리에 일에 그을린 사람들이
발갛게 줄을 선다
곧이어 열차의 문이 열리고 육중해진 발을 열차 안으로 옮긴다
성숙한 시각, 보듬어 주워야할 빈貧한 자들과 호흡이 엉긴다
졸음에 휘청대는 이와 휴대폰에 열중하는 이
게임에 힘을 쏟는 곱슬머리 남자와 쉼 없이 말을 잇는 여자들,
묵묵히 생각에 잠긴 검정잠바 청년,
거나한 냄새 폴폴 풍기는 서넛,
이념과 속해있지도 않은 사상들이 핏대를 세워대는
낯익은 풍경들을 위해 어둠은 깊숙이 자리를 내어준다

강변로에 늘어선 불씨들은 속도를 내며 빛을 방출하고,
무수한 생이 오가며, 무수한 생이 존재하는 한강은
허망의 시간에 쫓기며 살아가는 사람들의 적막을
검게 빨아들이려 유혹의 입을 벌리고 있다

각도를 잃은 세상과 발그레한 동작대교 위로 엎어진

반복된 생의 자국은 숨이 차다.

과천 · 금정 · 안산 · 오이도
이촌
동작
총신대입구(이수)

옥상에서 시간을 바라보다

바지랑대 바람에 몸을 흔들며, 오월의 하늘아래 팔랑대는 빨래들은 나불거린다. 슬그머니 바람에 물기를 빼내는 옷감들이 말간 속살 같다. 부풀던 목련은 기지개를 펴다 낱낱이 떨어지고, 개나리는 비 내리던 날 샛노랗게 모여 연녹색의 잎들을 기다리며 시간은 시간에 묻히며 빠르게 지나간다. 맨 처음 이곳에 이사 온 아홉 살, 엄마가 한강을 바라보며 경치하나 끝내준다고 박수치던 그 날은 우리 모두 함박 웃었다. 머리가 자라고 어울리던 친구들이 말쑥하게 질 좋은 모습을 뽐내고, 길쭉하게 위엄 있어 보이는 아파트와 울 동네에도 목 좋은 곳이면 높게 들어선 단정한 건물들은 까닭 없이 울렁거렸었다. 플라타너스 잎이 무성하고, 자동차 더운 입김이 길거리에 하품을 내뿜는 오래전 그때부터 지금까지 자리를 잡지 못하고 참 많이 아리며 살았구나. 사랑과 헤어지고 사랑을 얻고 무심히 지나온 것들이 빨래를 걷으며 문득 후회처럼 느껴질 때, 이제 내겐 그 나이의 딸이 옥상 끝 계단을 밟고 양팔은 머리로 원을 그리며 사랑을 외친다. 고슬고슬 예쁜 손이 엄마를

돕는다고, 내가 함박 웃던 그날처럼.

동백나무가 있던 집

초침만이 분주한 공허 속 마당엔 동백나무 한그루,
크기만 너른 마당 몇 백 원의 땅뙈기 위 왁자한 잎들이 쌓인다
줄을 물고 있는 허연 빨래는 휘청거리고,
마당 언저리 말을 뱉지 못한 화火가 뭉텅뭉텅 떨어진다

허드레 일로 햇빛은 키를 넘기고,
그림자는 오후 내내 분주하다
지난해 교통사고로 몸이 상한 서른 넘은 아들은
온종일 시간을 죽이고,
펑퍼짐하게 살려던 된장 같은 어미는 가슴에 못이 박힌 채
별을 가득 들이마신 빨래를 차곡차곡 걷는다

백옥 같은 시절에 사별한 후 기와는 내려앉고
흙벽이 헤어져 버려도,
전답 모두 팔아 공부시킨 자식의 성적표는
희망처럼 반짝였는데

사고후유증은 상실만 깊은 존재로 거동을 멈추고,
갈비뼈 도드라지게 한숨을 토한다

대문도 없는 집이라 길가의 눈들이 안을 들여다보고,
털털대는 요란한 경운기 파랗게 오른 독을 식히러 들어가는
먼지가 뿌연 일부의 삶이 지나가는 스산한 시간
아궁이 불을 지피고, 저녁상에 낼 텃밭의 채소들을
손아귀 가득 뽑아낸다

한 끼를 해결하려는 마을은 연기를 올리고
헐은 맘으로도 찰진 어미의 주름위로 별이 모인다.

부엌

흙벽의 일부가 내려앉았다. 상처 같은 무늬가 군데군데 벽 칠을 대신하고 그을음처럼 번져있는 시간의 자국들은 반짝반짝 닦아놓은 가스레인지위로 빛을 낸다. 알전구 주위로 날것들은 비행의 구도를 잡고 끈끈이 길게 늘어진 접착 면에 촘촘히 달라붙은 파리가 날개를 퍼덕댄다. 짤막하게 잘린 퍼런 호수를 입에 물고 꼭지만 비틀면 콸콸 쏟아내는 대견한 수도는 맨 처음 동네에 들어와 자랑거리가 되였었건만, 육신거리는 파이프가 벽을 뚫고나와 숨을 쉬며, 찢어진 어깨를 철끈으로 묶은 비장한 고무 다라이와 이야기가 한창인 바가지를 시샘한다. 나무 기둥 곧추세워 선반을 올린 못자국은 벌겋게 힘을 주며, 과거의 힘으로 자생하듯 탱탱하게 받치고 있다.

낡고 보잘것 없다하여도 진귀한 손맛으로 밥도 내고 찬도 내는 이곳은 무수한 세월이 바지런히 배여있는 엄마의 숨결로 곱고 단정하다.

밤소리 가득한 날

그날 밤 우물 안에 달은 없이 뿌연 먼지만이 수련을 하고 있었다. 어둠 속 긴호랑거미 서걱거리는 더듬이 밑으로 배를 불리고 개구리 목젖을 부풀리며 요란하다. 불을 켜고 암내를 풍기는 늙은 고양이는 발로 호흡을 가다듬고, 먼 거리 밤기차가 레일위로 달음질치며 흐릿한 여운을 남긴다. 척박한 가슴, 고단하게 삶을 피우던 일 날의 피로가 어둠에 묻힌다. 동네 초입부터 연 녹의 잎들은 졸음에 겨워 꾸벅거리고 비틀거리는 낯 설은 그림자위로 배외하는 한 남자의 저음이 곡소린지 말소리인지, 축축한 안개와 섞인다. 별들도 살갗을 감춘 밤, 고목위로 새소리 카랑카랑 어둠을 헤집는 천만년 계속돼온 생존의 밤엔 천개의 마음이 모두 다 살아 있구나.

살아가마

이곳까지 왜 왔을까. 버려진 시간 뒤로 상념 같은 머리 풀어 사라지게, 바람에 쓸려 사라지게 훌쩍 돌아가고 싶다. 언제부턴가 가난은 꼬리표처럼 부동의 이름이 되었고, 그녀의 집에 얹혀 지내며 일 년을 훌쩍 넘겼다. 목숨 같은 아이 곁에 두고파 눈치 감수하며 성질하나 카랑카랑한 그래도 착한 그녀의 등에 붙어 낯짝을 들고 있었다. 어려운 살림에 이사를 가야할 것 같다며 눈물을 그렁거리는 그녀는 몇 달째 급여는 밀려있는 한 푼 없는 무능한 그에게 고해한다. 존재한다는 것이 존재하지 않는 것보다 가치 있는 것일까. 어느 만치 지나면 주워진 시간을 사랑할 수 있을까. 눈을 뜨는 것이 두려운 아침을 피하려 무던히도 애써왔건만 산을 넘어도 문은 열리지가 않고, 그에게 방류된 질퍽한 그림자는 꼬리를 늘린다. 아이가 방문을 빼꼼히 열고 맑게 웃는다. 가슴으로 안아도 채울 수가 없구나.

고향집

고향집엔 대문이 없다
들고나는 것이 인심뿐이라 태어나지도 않았나보다

지나는 미소가 기웃거리면 참새가 되고,
웃음이 화답하면 방앗간 되는
속삭임 없이 구수한 입담들은 원을 그린다

잠자리 콧잔등에 밤이 내려도 앞집 뒷집 모두 불러
요란하게 꿈이 없던 도시의 기억은
피워 올린 모깃불에 태워 보낸다

쩍 가른 수박 입안에 가득 넣고
따숩게 토닥이는 돗자리엔 남겨진 공간이 없어라.

섬진강 변邊

모래위로 바람이 기웃거리면
구름은 모양을 갖추고 그림자를 만들다 사라지고
사라졌다 다시 자리한다
섬진강 옆구리 물이 빠진 자리에
눈으로만 봐도 고운모래가 사르륵 결을 만들고
갈대 연하게 춤을 춘다

멀리 산허리 증발된 강물 알갱이들이
계절의 물을 푸르게 올리고
순응하며 살아온 희고 거대한 영토는
언제나 고요히 흐르는데
천년, 만년을 살아온 기억너머의 시간을 따라
세상사 복잡한 자존심을 버린다

자연은 비워진 채 가득하고
사랑은 할수록 자연이구나.

신원사에서

새소리 물소리 바람소리에도 마음이 비워지지 않는 건
갇힌 맘의 모서리가 쓰라리게 뭉쳐 아름다운 것을 보지 않았기에

내내 걷고 걷다 부은 발에 미안하여 대웅전 입구
낮게 쌓은 돌 위로 걸터앉았다

두터운 뿌리의 나무그림자가 길게 가지를 늘이고
석양은 산새의 마중을 받으며 발그레한 열꽃을 내린다

사리탑 주변 반듯한 잔디는 별이 챙겨주는
이슬을 기다리며 노곤한 고개를 떨군다

담장에 새겨진 장인의 곡선이 어둠의 명석위로
가뿐한 춤을 추고 양각과 음각은 마주보며 웃는구나

산행엔 굽은 길에 생기가 나고,

깊이가 생겨 재미가 더해지니

세상사에 힘겹게 휘어 있던 둔탁한 삶의 가치관도
예서는 다르게 보이는구나

계룡산 자락 맘이 고운 신원사 경내의 풍경과 공명을 나누고
지복地福을 누린 여행자, 떠날 땐 가벼운 빈터가 되리라.

공원 벤치, 그 남자

어둠속에서도 달빛은 건재함을 과시하고 있다

다른 시선의 삶을 휘청휘청 걸어가던 남자는
공원 벤치에 잠자리를 구한다
눈 뜬 채 잠을 자던 남자는 빈주머니 뒤집으며,
싸늘한 바람 속 멈추어있는 자아의 손끝발끝으로
치밀한 고통이 오르는 듯
구겨진 신문을 펴 몸을 말아 심장을 덮는다

빠근한 맥박사이로 서성대는 바람 몇 장 껴안고
저만치 날아간 청춘의 빈 구멍이 쓸려 내린다

흔들리는 그넷줄과 반짝이는 미끄럼틀 사이로
온종일 왁자한 아이들의 웃음이 오르내리며
분주하게 춤을 추던 놀이터엔 목련 잎은 떨어지고

시계보다 먼저 시간이 되는 적막한 공터
흰 진달래 달빛 아래 소복하다

되돌릴 수 없다는 것이 되돌아가고 싶다는 것보다
슬픈 것은 변형의 시간이 너무 길어
태엽이 멈춘 삶에 익숙해진 뒤
출구를 찾지 못한 거리에서 증발되는 자아를
바라봐야하기 때문이다

별이 떨어진 발그레한 지구는
오그라든 사내의 눈굽 속에서 축축하게 젖는다.

비가 오던 날

느리게 빠르게 타닥타닥, 웅덩이마다 무너지는 원을 만들며 연거푸 부산을 떠는 빗물, 초록은 수분 속에 빠져 선명하게 계절을 물들인다. 어릴 적엔 엄마가 기름 향 폴폴 풍기며 자르르하게 부침개 붙여 주었고, 밀가루반죽 가늘게 떠 넣고 수제비국 날아갈듯 끓여 내주며, 궁둥이 토닥여 줄때 연기가 멈추기도 전에 입 속은 후르륵거리며 구수한 향기를 품었었다. 머리가 굵어진 오늘 먼지 냄새 뿌옇게 치솟고, 질펀한 그리움에 젖동냥하듯 구수하고 실한 그녀의 자궁 속을 비집고 들어가 앉고 싶은 날, 지나가는 창밖 어느 곳엔가 원서를 날리고, 꼬르륵거리는 빈 우편함의 먼지를 털어내던 무겁게 아픈 날, 비는 그치지 않고..

붓꽃, 봉숭아꽃 빗물에 얼굴 씻을 때, 속내 꺼멓게 막혀 어둠이 깔리던 그날 먹먹한 가슴이 움푹 패여 매캐하게 균열이 나져 있었다.

여행사진

무심히 본 여행기를 쓴 책의 낯선 사진들을 대하며 마음이 베인 것 같았다. 맑은 눈동자 허름한 옷 사이 소박한 갈망이 까만 피부보다 더 어두웠다. 같은 태양아래 높은 행복지수를 갖고 있다는 대륙엔 먹을 것이 없다는데, 입맛이 없어 거부했던 뱃속이 시끄럽다. 강남역 입구 NGO가입을 외치던 곳을 지났던 발걸음 속, 건조해서 터진 삶의 고개를 떨구며, 늘어진 햇볕에 우울하고 교만한 가슴의 주름을 지우려 되돌아간다.

여우비

형체도 없이 말라버릴 대지에 엎드려
잠시나마 존재감을 알리는
햇빛을 뚫고 내린 비는 참으로 용감하다

목마르며 잠들었던 시간을 툭 건드려놓은
갈증이 풀리며 마음이 펴진 그 길이
좋아져서 그냥 걷게 된다

푸념으로 위치를 망각한 내 속도 적시며
늦더라고 가자고 소중한 인생에게로 가자고
태엽을 감아주는 것 같다.

어느 여름날

삐거덕거리는 문을 열었다. 여닫을 때마다 신경이 쓰였던 문을 오랜만에 열고 활자 몇 개 챙긴다. 내가 언제 글을 썼던가. 게으름에 가물가물 기억까지 맞질 않는다. 글쟁이가 되고팠던 싹수는 허공을 뒹굴다가 펜을 놓치고 또르르 상실만이 내 안으로 굴러온다. 이놈의 더위 때문이란 한심한 핑계로 들썩이다가 냉동실 문을 열어 얼굴에 냉기를 뒤집어쓰고 얼음 한 움큼 입안으로 밀어 넣어 시리도록 씹어 삼키곤 벌러덩 나자빠진 뇌의 문은 일찍도 닫는다.

머리위로 파란 구름이 부지런하고 맑다. 신발 뒤축 구기고 마당 모서리 수도꼭지를 틀어 맥없이 늘어진 잎들에게 능청을 떨어가며 호수 주둥이를 눌러 펼쳐 뿌리면 넙죽넙죽 벌컥거리는 여름도 힘없이 길게 늘어진다. 심지 없이 처지는 내 삶처럼.

시간 보내기

시원한 방향의 의자를 골라 앉았다
나무의자, 딱딱하긴 해도 쉬기에는 그럭저럭 운치가 느껴진다

바쁘다는 핑계로 여유를 가져본지 오래다
몇 자 써보려 펜을 들다말다 아무려면 어떠한가

음악소리에 손가락만 까딱거렸다
생각이 느릿느릿 걸어간다

커피향이 그윽한 이곳에선 속도를 없애야 더 많은 생각과 만날 수 있다
채우기 위해 비우려한다.

글

쓰니깐 좋으냐

그래 좋다

하품 나게 좋다

딸꾹질 나게 좋다

그리고

냉수 마신듯 좋다

내 맘만 좋으면 안 되겠지만.

떠남

훠어히 쏟는 폭우
심장 뜯으며 통곡하던 시간
눈물을 감춘다고 오던 것이
지가 더 슬퍼 앞뒤 없이 갈긴다
가슴을 파고 기어들어가 우글거린다
갈갈이 상흔傷痕만 남긴 영혼에 주문을 외운다
수위水位는 머리를 덮고, 어둠이 향을 피울 때
물방개 익사하고, 들 도라지꽃 나비가 되는 날
망연한 가슴을 비우려하지만,
어떻게 떠나보낼 수 있을까.

그랬으면 좋겠구나

바다로 깊숙이 들어가 다시는 육지를 생각하지 않으면
지느러미가 생기고,

높은 곳을 오르며 허공을 젖다보면
날개가 돋아 구름보다 더 위로 올라 별이 되었으면,

아픔이 먼저 찾아와 기억하고 싶은 추억이 없더라도
낙엽 고은 가을날은 내게도 아름다웠으면,

그랬으면 좋겠구나.

바다를 추억하다

"길 위를 달리는 고래네". 산책을 같이하던 아이가 조용히 말했다. 바퀴달린 장난감 고래를 신나게 끌고 지나가는 아기는 할머니, 할아버지의 염려에도 흥이나 달리기가 한창이다. 시멘트 공사를 끝낸 지 얼마 안 된 공원은 아이의 웃음 위로 바다가 되고, 그리움을 여는 작은 동기는 바다를 본 지 꽤 오래된 기억을 두드린다. 산책을 마치고 방문을 열자마자 오랜만에 가득히 먼지만 쌓여 전원을 빼었던 레코드 위로 빗소리를 닮은 음악을 흘려본다. 추억이라는 깊고 달콤한 통증은 처진 피부와 어깨를 올리며 시간의 불을 켠다. 고등학교 수학여행 때 맨 처음 바다를 보았고, 끝이 없는 세계에 가슴이 뭉클하며 그 나이만큼 아프고 아름다웠던 삶에 관하여, 상념을 털어내듯 바다는 가슴속에서 책속에도 칠판위에서도 회귀의 대상처럼 남았었다. 흑백영화에 색깔이 느껴지듯 시간에 줄서서 열정에 망막했던 스무 살의 거리와 화통을 들고 누비던 교정과 화염병과 대치하던 전경, 뿌연 연기가 코를 찌르던 희망 없이 희망이 가득한 그 시절

고래를 찾아 헤엄치던 젊음들은 바다를 잃은 사각모를 쓰고 학교를 떠났고, 적막한 자국을 고스란히 받아들이며, 지평선을 바라보며 움찔거리는 질척한 상처는 이상과 현실이라는 갈증에 무수히 부딪혔었다. 많은 시간이 그저 흐르며 누구가의 누구라는 자리 속에 우리는 다만 살아가고 있었구나.

마지막 곡이 멈추자 공허를 품은 한여름 낡은 일기장을 닫으며, 아이의 엄마로 시간에 발효된 삶의 부위를 어루만진다. 낮고 둥근 몸과 흰머리, 단정히 앉아 꺼내볼 성숙한 미래의 기억에 갈피를 기대하며, 예전에 떠난 고래의 조각들을 풀어 적요로운 시간의 분자들과 휘휘저어 마신다.

가을이여서

시간에 건조하게 타는 느낌이다
안절부절 가슴이 마른 느낌이다

마음을 끄집어 햇살 속으로,
느려지고 위축된 경계를 벗고 걸어보려고
오랜만에 문밖을 나선다

그간에 쌓아둔 먼지를 털어 깊은 숨을 고른다
가을이여서, 아! 가을이여서.

길을 나서다

노란 잎 즐비하게 길 위에 웅성입니다
누군가를 위한 용서처럼 설렙니다
물고기 풍경을 물고 춤을 추는 백운산을 돌아
하동까지 이어지는 색색의 순간들은 근심을 지우고,
아름다운 섬진강의 가장자리 별들이 오갔던 흔적을 바라봅니다

정화수에 두 손을 모으는 어미 같은 정갈한 새벽,
그리움의 이름으로 드나들던 기억의 잔해와
한 번도 유연하지 못했던 석연찮은 마음까지
엎드리고 내리고픈 이곳에선
동화같은 마음으로 웃음을 떠뜨리라 합니다

산새 단출한 송가와 물빛이 햇볕에 그을리는 시간,
변화되는 마음을 반갑게 앉고
흠뻑 젖은 일탈의 향기를 주섬주섬 챙깁니다.

자리

태어나며

아기였고

유년기와 청소년, 청년기를 보내고

중년을 맞이하여

장년과 노인이 되며

흙이 되는

삶의 모든 자리 중에

나는 엄마라는 자리가 제일 포근하다

우리는 모두 소중한 위치의

서로를 위한 자리들이다.

바람

고요히 깊어가던 계절의 흔적이 거리를 덮고
허기에 말라버린 공간마다
낙엽은 바람을 말아 냉큼 채웁니다

쓸쓸한 내안을 들여다보다
스치던 바람에
미끄러지듯 별을 만나러 갑니다.

녹차를 마시며

연緣을 따라 여기까지 들러준
마른 이파리들 위로 찻물을 따른다
또르르 떨어지는 쌉쌀한 깊이

알맞은 만큼의 햇빛과 공기가 숙성된
정갈한 심성은 투박한 잔속에서 자연이 되어
우러날수록 푸르다

무거운 생각들은 끄집어 조각내고
마신 만큼 버려지고 마신 만큼 내가 비워져,
벌겋던 마음이 가라앉는다

그리운 데로 살던 기진한 시간이 증발되어지니
어둡고 모났던 가슴이 살랑거린다.

배

종점 초입 트럭엔 황금 같은 배들이 이사를 왔다
추석을 앞두고 가격이 세배는 뛰었다던 엄마의 얼굴이 떠올라
보름달 같은 배를 봉지에 담아 갔다
태양빛에 신문지 옷을 입고
조각조각 양분을 몸 안에 챙기어 단련시키고
하얀 맘으로 여름을 보낸 것이 대견하다
엄마가 평소엔 비싸다며 제수 음식에 올리었던
큼직한 배를 골라 단정히 깎아 접시에 담아내었다

지난 봄 하동에서 백운산 길로 배꽃이
눈 덮인 들판처럼 곱게이어지며
잔바람에도 여리게 흔들리는 것을 보았었는데,
꽃이 피기 전부터 제 마음을 정갈하게 비우고
태풍에도 꺾이지 않으려 삶에 바투 서
존재의 소중함을 잎에 실어 인내한 보람은

한 가득 단물로 넘쳐 나와

엄마의 입속이 행복한 가을로 불룩해진다.

감잎을 태운다

떨어진 잎들을 끌어 모아 불을 붙인다
계절의 끝을 움켜잡고 노를 젓는 회상의 침전물들이
흩어지며 눈을 자극한다

발갛게 상기된 하늘위로 투박한 선율 같은 허연 길이 놓인다
쑥부쟁이, 미역취, 구절초 그리고 감국의 낯을 쓰다듬으며
너울너울 흐르는 가을의 깊이는 구수하구나

소멸을 가까이 두고 주눅이 들어 핼쑥해진 불기가
삶의 기대를 향해 타다닥 고비를 알린다

어둠이 내리는 감나무 우듬지
잎을 벗은 앙상한 가지에는 너덧의 감등燈이 불을 밝히고
찬 공기 호젓이 휘파람을 부는 가을의 속살이 파르르하다.

감나무 가지를 베다

네 생명을 위해 손을 꺾고
팔을 베다
제 우주를 위해
내 사랑을 벤다
지금은 날 원망한데도
시간 후에 설 즈음
홍색 열매 칭송을 무수히 목에 걸고
인사할 것을 알고 있다

저보다 한참 못한 나, 이지만.

모과 1

외롭던 담벼락 소담한 등을 밝히고

오가는 어둠을 향기로 물들이는 너는 마음이

아름답다.

모과 II

풀잎 햇살을 갈무리하고,
수분이 지나간 나무의 혈관들은 색깔이 더 선명하다
창문을 여니 바람이 무더기로 방안을 메운다
계절을 들이며 먼지를 털다 눈에 띈 너의 몸에
검은 점이 그새 더 넓어졌구나
제 몸이 상한 것도 잊은 채 향기를 뿜고
썩어가며 더 용기를 내던 녀석의 낯빛에 무안하구나

지난 가을 시장 통 할머니의 선한 웃음을 닮아
친근하게 나를 따라온 향기가 해를 보내며,
외모보다 맘이 더 고결하여 생생하게 밝던 너를,
이제는 보내야겠구나
풍성했던 향은 뒤로 한 채
생을 마감하는 고결한 자연의 수의壽衣를 갈아입히며
아쉬운 작별을 고한다.

밤 풍경

솜씨가 좋은 거미가 서걱거리는 더듬이 밑으로 줄을 낸다
뛸 곳을 잘못 알던 미끈한 다리가 제대로 걸려든다
제 몸보다 큰 귀뚜라미를 둘둘 감아 말린다
능숙하게 목을 죄니 이제는 움직임이 없다
생존의 밤, 삶에서 삶이 반복되며 치열하게 배를 채우지만
자연은 그만큼 외엔 더는 욕심도 없다

느슨하게 풀어지는 눈 커플을 따라 긴장감이 막을 내리고
불룩한 어둠이 감돌면 기웃기웃 철없는 갈대는 너스레를 떠는데
멀리 밤기차는 레일위로 마지막 달음질을 치며 흐릿한
여운을 남긴다

마을 초입 그림자도 술에 취한 최씨는 일 삯을 떼인 후
둔탁한 욕설을 내 뱉으며 담벼락에 오줌을 갈긴다
노모老母를 서울 큰 병원으로 데려가려던 꿈까지 먹어버린
그 놈은 똥도 아까워 배앓이를 할 텐데

장가못간 늙은 아들 보듬으러 대문 앞을 서성이던
자연 같은 노모老母가 늘어진 가슴으로 폭닥하게 안는다
앓는 소리 틀어막고 아들 등 토닥이는 어미는 욕심도 없다

별들은 살갗을 감추고, 개구리 자장가도 또렷이 아픔 밤,
축축한 안개가 피어오르는 마을은 졸음에 꾸벅거린다.

온다, 오신다

엄마는 눈이나 비가 내리면 '오신다'고 꼭 존대를 하신다
난 그냥 '오네'라고 하는데,
그늘이 넓고 깊숙한 굵은 테를 갖았음에도
자연을 존경으로 대하시건만,
고작 반생도 안 되는 나는 존경을 모르는구나.

눈이 온 아침

밤사이 소리도 없이 어둠을 비우며
천천히 흰옷을 갈아입은 뫼의 자태가 곱다

새해를 맞이하는 축복의 깃발들이 희게 웃는 백운산은
조용히 스며드는 아침 풍경을 껴안으며
명징한 공기 한자락 베어 먹고
수척했던 가슴의 품을 넓힌다

느리게 걷는 한해가 되라고 벌건 손이 합장을 한다.

그대는, 그립습니다

오랜만에 인사동에 다녀왔습니다
은제장신구와 빛바랜 목기들,
전통은 조막한 모양에도 새겨지고 배여 나와
맑은 기개氣槪를 소소히 뿌리고,
형형히 자리 잡은 비취색 찻잔은 융성한 풍월을 읊조립니다
곳곳의 사람과 옛것의 향기가 혈관까지 촉촉하게 전해집니다
아픔도 문양이 되고, 서리 같던 생의 방향도
나이만큼 무디게 지나가는 곳에서
찻잔에 인생을 우려 봅니다

간유리 지나는 빛을 세우고
들떠있는 도시, 몰려온 관광객으로 소란해지는 오후
마음은 사뭇 적막했습니다

그대 없는 외딴 마음과
아직도 거쳐야 할 시간의 관문들은 정정하지만

막혀있어 더 핼쑥했던 생각들의 빗장을 풀어
강단剛斷 있게 대면하고 싶습니다
이곳을 다시 올 땐 여유와 풍성한 마음만이
가득하였으면 좋겠습니다

그러나 내일도
그대는,
그립습니다.

추억과 추억 속에

침묵 속에서 꿈을 꾸던 그날
엄마는 양말의 구멍을 메우고 계셨다

연탄재 19개의 눈이 호흡을 마치고
허옇게 쌓여있는 허름한 지붕 밑
건전지 둘둘 매어놓은 라디오의 주파를 돌리다 흐르던 악보는
깃털처럼 가벼웠다
'눈 감고 음악을 듣고 있으면 세상위로 떠있는 것 같아요.'
지나칠 수밖에 없는 나의 꿈과 엄마의 침묵 속에
초침만이 분주했다

음악을 사이에 두고 한 땀 한 땀 빈곳을 메우던 손을 툴툴 털며,
폴폴 김이 나는 저녁상을 위해 쌀을 안치고
도마에 호박을 가지런히 썰어
꿈 한 숟가락 간을 맞춘다

비워진 쌀독위로 집주인의 발자국이 남겨진 채
차곡차곡 어둠이 쌓였다
휘어지게 일하며, 눈물을 훔치던 뒷모습을
아련히 바라보던 시간은
눈 곰살갑게 뿌리며 해를 넘기고,
내 나이 엄마만큼이 되던 때
넓은 집은 청소가 힘들다며 말갛게 목청까지 드러내며 웃는 엄마가
반들반들한 걸레를 탁탁 털어 널며
흥얼대는 입술 위로 접시꽃을 피운다

삶을 삶으로 받아들이며 언제나 꿈을 물어다 먹인 엄마의 비鼻음이
오선지를 뛰놀듯 파란햇살 속에 빛을 낸다.

점방

형광등 어둠을 벌리고, 긴 폭의 원을 그린다
골목 안 간판의 페인트글씨가 지워진 점방,
어두운 얼굴로 짧게 달라붙은 머리와
주황색 꽃무늬 블라우스를 늘어지게 입은 주인 여자는
몸맨두리 듬직하게 의자를 채우고 앉아
두툼한 손으로 담배를 건네준다

화관 단정히 쓰고 그녀의 버선코가 처마와 맞닿았던 후,
텅 빈 곡간 채우며, 질펀한 주름이 깊게 잡혀도
간판을 걸던 날엔 발그레 웃었었다
간판 칠이 떨어져나가고 펑퍼짐한 늦여름 파리가 요란하게 소리를 쳐도
무덤덤한 시간을 비석처럼 지키며
아들사진 신주처럼 벽에 걸고 흐뭇하게 바라보며 심장에 불을 켰었다

열릴 때마다 종소리를 내는 문사이로
얼마 전 남편은 희끗한 머리에 또 바람을 피우다
현장에서 발각되고,
점방여자는 그간 모은 돈 들고나가 화풀이로 쓴다더니
생의 바늘은 아직도 구멍가게 녹슨 의자에 깊게 박혀
날이 밝기도 전에 잘근잘근 뱉은 말들을 텃밭에 털어냈었다

담배 깊숙이 폐를 적시고
여자가 준 거스름돈을 구겨 넣는다
익숙한 삶을 반추하거나,
헐떡대던 시간까지 묽게 게우며
불균형하게 번진 하얀 연기들이
각각의 날개를 퍼덕이다 사라진다

점방은 달빛으로 느슨해지고
밤공기는 쓸쓸한 감나무 끝자락에 몸을 얹는다.

겨울, 입김을 남기며

이불 속에서 몸을 빼냈다

어둠이 진열陳列된 마당으로 나가는 유리문을 열자
지붕옆 가지만 앙상한 나무는 사이사이 달빛을 껴안았고,
유난한 별 하나 먼 거리 공간을 알리는 등대처럼 그윽하다

묵직하고 뿌연 하품을 내쉬며 두루마리 휴지 손에 말아
성급히 걸음을 재촉한다
바삭거리는 감잎과 반쯤 깨진 기와장이 웅성거리는
쾌쾌한 뒷간은 대문 없이 기둥만이 서있는 모퉁이 옆
너덜한 문짝하나를 비닐로 감아 버티고 있다

정작 비울 것을 비우지도 못한 채 간신히 앉아서는
백열등 가물거리며 살짝 열어놓은 문사이로
지나가던 괭이눈에 흠칫 놀라 가슴을 쓸어내렸다

낯 설은 세상에 마지막 이력서를 보낸 후
도시를 떠나 온지 몇 해
균열이 나있는 삶의 정체가 눈앞을 가리며
새벽을 넘기는 바늘의 길이는 점점 늘어나고
우두커니 마당의 언저리를 서성일 때면
조각난 시간에 세상의 이방인은 어둠을 뚫고
인고의 뿌리를 잘라 지구 밖으로 뛰쳐나가고 싶다

간절한 삶의 기도가 빛을 내면 우주에도 싹을 틔워
꽃이 필런지...
한기寒氣가 귀를 자르며,
맘을 도린다

겨울날 입김을 남기며, 도리 없이 흙집으로 기어들어간다.

하동역에서

저녁놀 붉은빛이 산허리를 감싸고
어둠의 넓이가 흥건해지면,
깊이가 다른 무수한 소리들이 울려 퍼진다

섬거나루를 따라 하동을 맞이하는 증기기차는
한 몫의 풍경을 만들며
밤하늘 연기를 피워 생명이 공존하는 우주로 향한다

시간에 달라붙어 그 동안의 역사를 품은 섬진강이
선로를 따라 껌벅거리며 여운을 남길 때,
기차는 역 안으로 주둥이를 벌린다

보따리와 짐들 사이로 사람이 오가는 역내엔
전기난로 폴폴 주전자 궁둥이를 달구고,
시계를 올려보다 느리게 허리를 펴는 노인의 의자는
나사가 풀려 느슨한 소리를 냈으며

납작하게 떨어져나간 벽면의 흔적들은 누렇게 웃었다

체증이 생긴 듯 막혔던 현실이
섬진강 모래에 묻어지며
세상에 돌을 던지려던 고약한 마음도
명징한 밤공기에 호흡이 편안하다

어둠은 밝음의 이면이듯 아픔도 순화되고,
역사가 공존하는 섬진강에선 깜장 생각도 표백을 한다.

비 내리는 공사장

그리움을 맹렬히 게우듯 시간은 경계를 잃고, 요란한 빗소리에 널브러진 자아는 어둠으로 길을 닦는다. 해뜩해뜩 팔랑대던 구름은 무겁게 내려앉고 건너편 아파트 맨몸 사이로 초록색 무지 포장 비닐들이 펄럭인다. 입주를 기다리는 헐거운 군상들에 몸살 하던 콘크리트, 철근들은 수분을 받아 앙상히 웃고 있다. 공중에 머무르던 망치소리 붙잡고 갖가지 흔적들은 시간의 주름위로 맺혀지고 휘청대는 하루는 느려진 빗소리에 엉긴다.

기웃거리며 부유浮遊하던 희망은 좌초되고, 외줄에 몸을 실어 삶의 기포를 메우듯 벽면을 시멘트로 덧칠하며 한 층 한 층 다듬던, 먼 거리 흰색 안전모의 사내 일손을 놓고, 일당을 벌지 못해 조물거리는 새끼 입속으로 물어다 줄 먹이를 찾다 소주만 목구멍 속에서 굴러 들인다. 깡통 같은 시간위에 불을 피우고 둘 셋 손을 펴 앞뒤로 쬐며 퉤 뱉는 굴곡 심한 말들은 제법 불길을 올리고, 멍한 눈길은 시큰하고 파르르하다.

죽어라 살아가도 펴지지 않은 질펀한 공간 안엔 빼근한 겨울비만 분주하다.

시계가 멈추던 날 아침

이른 아침 무심코 잠을 깨고 일상의 습관처럼 하나하나 모양새를 갖춘다. 십년이 넘도록 정가고 무던한 녀석의 숨이 고요하다. 하루라는 가치를 부담으로 이고는 집을 나서는 쌀쌀한 공간 속에서 부고를 알렸다. 내가 희망했던 것들이 멈춘 듯 시간도 시간에게 지쳐 있었다. 입을 다문 곧은 시침들을 손목에서 걷어 들이자 허전함은 스쳐간 기억에게로 안개처럼 거슬러간다. 무엇하나 똑 부러지는 것 없는 인생에 시계를 선물받던 그때는 햇살이 번지는가 싶었다. 살수록 검은 구름이 넘치고, 존재의 가치는 질에 의미를 두기 보다는 허기를 메우듯 허겁지겁 원초적 삶에 더 가까이 가는구나.

앙상한 수레에 하루살이 폐지를 모으는 골 깊은 할머니를 분주히 지나 도착한 정류장엔 벌써 많은 사람들이 출근을 서두르고 있다. 여민 점퍼에 바람이 새지 않도록 어깨를 으쓱 올린 노무자의 흙칠된 가방도, 흰색셔츠와 단정한 양복의 회사원도 넥타이 흔들리며 버스에 오른다.

세상에 입김을 뿜어대며 길을 내딛는 사람들의 발자국도 오늘은 왜소하다. 멈추어도 멈추지 않은 채 소심하게 흘러가는 수많은 오늘과 미래를 향하는 연속된 평면 속엔 그리움의 부품들이 아리게 바람과 흩어진다.

땅콩은 광주리에 가득한데

지하도 앞 몇 날을 쭈빗 서있는 쉰을 제법 넘긴 주름이 깊은 남자는 눌러쓴 모자 밑으로 까슬한 수염이 허옇다. 긴 세월 아직 펴질 줄 모르는 축축한 인생, 공부가 남은 자식을 걱정하듯 입가로 바람이 분다. 기울어진 어깨는 벽에 대고 등줄기엔 찬기가 맺힌다. 길을 따라 분주한 사람들은 무심히 오가고, 어둠 속 길어진 그림자는 남자의 깃을 세운다. 광주리 됫박에 빼곡히 올려있는 땅콩은 추위에 옹기종기 붙어도 쓸쓸하고 어둠을 밀어 내는 외등의 입김도 춥기만 하구나.

서로의 추위를 녹이려 남자에게 다가가 검은 비닐봉지 하나 건네받는다.

[해설]

시간의 창속으로 넘어간 이별

양 하(시인, 평론가)

관점觀點perspective은 곧 창이다. 자신만의 창을 갖는다는 것은 독특한 자아의 투시력을 통하여 세계를 보는 공간이 있기 때문이다. 창 앞에서 관조되는 자연과 사회 그리고 자신의 모습 속으로부터 지난한 삶의 기억을 돋보기처럼 확대해 들여다보면 그리움의 한 조각 한 조각들이 다가왔다가 안개처럼 사라져 버린다. 그것이 창 밖에 서성대는 시안詩眼이며 언어의 그림이다. 시가 심상의 그림이고 개성을 보여주는 옥석인 까닭이다.

연일 비는 그치지 않았다
서글픈 하늘 속 혈관이 되고 맥박이 되던 그대만이 존재된
시간의 구성은 온 몸을 적신다

그대 없다는 것을 몸서리치게 깨달으면서도
살기에 몹시도 허기가 지고 심장은 빠르게 숨을 들이키며

하루가 일 년이 그리고 지난다
문득 시간의 흔적이 희미해진다면...

– 양윤정 시 〈이별 후〉 전문

이별은 항상 찻집 앞에서 님과의 약속처럼 기다렸다가 차 한 잔의 여유도 주지 않고 흔적만 남기고 가버린다. 대신 양윤정 시인은 쇼윈도에서 인형처럼 서 있는 마네킹이 되 버린 자신을 발견한다. 그 이별은 누군가에게도 알리고 싶지 않지만 마음속으로 파고들듯 불어오는 싸늘하고 공허한 바람이다. 두꺼운 외투를 입었지만 바람은 살을 파고들어서 그 이별 앞에서 고백하며 다리를 건넌다. 양윤정 시 〈이름, 이제는 보낸다〉에서, '서성거리는 바람/비는 가셔도 안개는 그대로 남아 물안개가 펴진다//그대를 보내고 만년을 지내며,/웃으면 무탈해 보여 내게 오지 않을까 웃지도 않으며/울며 부담스러워 할까 눈물도 말렸었다//이제는 그대이름보다 내 이름에 기대어 살자고/가슴에게 웃기도 하고 울기도 하라고/모래위에 그대이름 쓰고 그 모래를 먹는다//바다에 잠재하는 수많은 이름들이/시간의 상처를 치유하러 서로에게 공존하는 지평선위로/흩어지는 구름을 바라보며 바다 속으로 들어간다.'

양윤정의 시어들은 그리움을 넘어 이별의 서정이 묻어나는 언술체계에서 씨줄(뿌리는 씨앗과 겪는 고통과 아픔) 날줄(날마다 날아드는 시대적 변수와 파도)로 교직되어 나가는 독특한 양상이다. 이는 꿈꾸었던 이상세계와 현실세계에서 파편처럼 튀어나온 상처의 그림자가 너울대는 이미지의 결합체라 보인다. 그것은 마치 화면 영상의 이미저리와 유사한 비주얼한 이미지들이 다양한 정신세계의 의미망을 펼치고 있어서 양윤정 시인의 시를 읽어내기 힘든 복합적인 그물망이 마이크로필름처럼 돌아가고 있어서 독자들에게 낯설음을 준다.

휘어히 쏟는 폭우
심장 뜯으며 통곡하던 시간
눈물을 감춘다고 오던 것이
지가 더 슬퍼 앞뒤 없이 갈긴다
가슴을 파고 기어들어가 우글거린다
갈가리 상흔만 남긴 영혼에 주문을 외운다
수위는 머리를 덮고, 어둠이 향을 피울 때
물방개 익사하고, 들 도라지꽃 나비가 되는 날
망연한 가슴을 비우려하지만
어떻게 떠나 보낼 수 있을까.

– 양윤정 시인의 시 〈떠남〉 전문

양윤정 시인은 도대체 어디로 떠나고 싶은가? 떠난다면 혼자 가고 싶은가? 도대체 이별을 통해 그녀는 무엇을 찾고 싶은 것인가? 혹시 성철스님이나 법정스님처럼 어디 외딴 골에 가서 홀로된 삶을 살고자 하는 것일까? 정작 이별의 진정한 마음을 안 것일까? 시인에게 고독할 때 이별은 작가위에서 맴돌다가 기어코 시를 무지개처럼 뿌리고 사라지는 접신(接神)의 선물이다. 그녀의 시 〈부엌〉에서, '흙벽의 일부가 내려앉았다/상처 같은 무늬가 군데군데 벽 칠을 대신하고 그을음처럼 번져있는 시간의 자국들은 반짝반짝 닦아놓은 가스레인지위로 빛을 낸다 ... 중략 ... 나무 기둥 곧추세워 선반을 올린 못자국은 벌겋게 힘을 주며, 과거의 힘으로 자생하듯 탱탱하게 받치고 있다' , 그리고 〈가을이여서〉라는 시에서, '시간에 건조하게 타는 느낌이다/안절부절 가슴이 마른 느낌이다// 마음을 끄집어 햇살 속으로,/느려지고 위축된 경계를 벗고 걸어보려고/오랜만에 문밖을 나선다.// 그간에 쌓아둔 먼지를 털어 깊은 숨을 고른다아/가을이여서, 아! 가을이여서.' , 또한 〈감잎을 태운다〉에서, '떨어진 잎들을 끌어 모아 불을 붙인다/계절의 끝을 움켜잡고 노를 젓는 회상의 침전물들이/흩어지며 눈을 자극한다// 발갛게 상기된 하늘 위로 투박한 선율 같은 허연 길이 놓인다/쑥부쟁이, 미역취, 구절초 그리고 감국의 낯을 쓰다듬으며/너울너울 흐르는 가을의 깊이는 구수하구나// 소멸을 가까이 두고 주눅이 들어 핼쑥해진 불기가/삶의 기대를 향해 타다닥 고비를 알린다// 어둠이 내리는 감나무 우듬지/잎을 벗은 앙상한 가지에는 너 덧의 감등燈이 불을 밝히고/찬 공기 호젓이 휘파람을 부는 가을의 속살이 파르르하다.' 양윤정 시인은 잃어버린 시간의 흔적들을 찾아서 용기 있게 걸어 들어가 이별을 본다. 이별이 놓여있는 곳이면 어디든지 찾아간다. 인사동이나 청담동이나 이별 전시회를 찾아다니면서 사진을 찍고 기록을 남기고 동영상을 찍으면서 마구 시간과 싸운다. 시간이 가는 것을 허락하지 않지만 자폭을 하듯 이별을 쌍끌이 배로 건져낸다. 그곳에서 만난 가을과 인사를 하고 겨울을 만나서 인사를 한다. 이별의 고추잠자리가 나는 코스모스언덕의 풍광처럼 가을 모습을 화가가 그림 그리듯 양윤정 시인은 그녀만의 아름다운 색상으로 이별을 벗어나려고 한다.

바다로 깊숙이 들어가 다시는 육지를 생각하지 않으면
지느러미가 생기고,

높은 곳을 오르며 허공을 젓다보면
날개가 돋아 구름보다 더 위로 올라 별이 되었으면,

아픔이 먼저 찾아와 기억하고 싶은 추억이 없더라도
낙엽 고운 가을날은 내게도 아름다웠으면,

그랬으면 좋겠구나.

–양윤정 시인의 시 〈그랬으면 좋겠구나〉전문

이별을 통하여 몸과 정신이 오히려 합일될 수 있는 무아지경은 현실계에서 지극히 발견하기 어려운 일이 아닐 수 없다. 하지만 양윤정 시인은 그녀의 시력을 통하여 이러한 백색의 투명한 교감으로 선적 경지에 닿기도 한다. 이별에서 싹튼 존재의 재발견은 그녀의 시 〈진희〉에서 승화가 이루어진다. '하나님은 진정 나를 사랑하신다/심장 하나 주셔서 기대어 숨 쉴 수 있도록 하셨다// 내 심장,/나의 딸 진희.' 딸을 딸이라고 부르는 단호함 속에서 이별의 질주를 하다가 급정거를 하는 시인의 심장에서 아직 살아있는 딸의 존재를 부른다. 창속에 반사된 자신의 뒤에 서 있는 딸의 존재를 이제 명징하게 보게 되면서 자신의 위치를 알게 된다. 피의 선홍빛이 이렇게 이별에서 떨어져 나와 꽃으로 다시 피우면서 이별은 점차 그녀의 관심 밖으로 밀려난다. 이별이 준 선물이기도 하다.

이곳까지 왜 왔을까. 버려진 시간 뒤로 상념 같은 머리 풀어 사라지게, 바람에 쓸려 사라지게 훌쩍 돌아가고 싶다. 언제부턴가 가난은 꼬리표처럼 부동의 이름이 되었고, 그녀의 집에 얹혀 지내며 일 년을 훌쩍 넘겼다. 목숨 같은 아이 곁에 두고파 눈치 감수하며 성질하나 카랑카랑한 그래도 착한 그녀의 등에 붙어 낯짝을 들고 있었다. 어려운 살림에 이사를 가야할 것 같다며 눈물을 그렁거리는 그녀는 몇 달째 급여는 밀려있는 한 푼 없는 무능한 그에게 고해한다. 존재한다는 것이 존재하지 않는 것보다 가치 있는 것일까. 어느 만치 지나면 주워진 시간을 사랑할 수 있을까. 눈을 뜨는 것이 두려운 아침을 피하려 무던히도 애써왔건만 산을 넘어도 문은 열리지가 않고, 그에게 방류된 질펀한 그림자는 꼬리를 늘린다. 아이가 방문을 빼꼼히 열고 맑게 웃는다. 가슴으로 안아도 채울 수가 없구나.

– 양윤정 시인의 시 〈살아가마〉전문

양윤정 시인은 창을 통하여 보는 자신의 이별은 곧 만남으로 급전이되는 과정을 지켜본다. 그것이 관조라는 것이겠지만 마침내 시인의 원고지의 한 칸으로 축약되는 이별은 한 뼘 남짓 마련된 창과 창의 문살들이 칸칸이 글의 감옥으로 연상될 수밖에 없다. 그녀의 시 〈그리움1〉에서 ‘쉼 없이 달릴 때에도, 바람에 흔들리는 그네처럼/공허함은 떠나지 않고/주머니 속 핸드폰을 만지작거리며/참으로 아련한 마음을 삭히어 바라보는 시선엔/하늘만이 뿌옇게 가라앉습니다/시나브로 깊어가는 잎새에 바람을 말아 허기를 달래보며/언젠가는 싹이 오를 가지들을 툭툭 건드려봅니다.' 그리고, 〈바람〉이라는 시에서 시인은 이별의 최고 경지를 자각하게 된다. '고요히 깊어가던 계절의 흔적이 거리를 덮고/허기에 말라버린 공간마다/낙엽은 바람을 말아 냉큼 채웁니다./쓸쓸한 내 안을 들여다보다/스치던 바람에/미끄러지듯 별을 만나러 갑니다.' 희망과 만나지 않은 절망이 없듯이 죽음과 만나지 않는 고독 또한 고독이라고 말 할 수 없다고 누군가 말한다. 이별을 바람의 시간 속에 묻어버리고 난 후 별을 만나러 가는 양윤정 시인의 시집발간을 감축하며 그녀의 시를 감상하면서 해설을 끝낸다.

그날 밤 우물 안에 달은 없이 뿌연 먼지만이 수련을 하고 있었다. 어둠 속 긴호랑거미 서걱거리는 더듬이 밑으로 배를 불리고 개구리 목젖을 부풀리며 요란하다. 불을 켜고 암내를 풍기는 늙은 고양이는 발로 호흡을 가다듬고, 먼 거리 밤기차가 레일 위로 달음질치며 흐릿한 여운을 남긴다. 척박한 가슴, 고단하게 삶을 피우던 일 날의 피로가 어둠에 묻힌다. 동네 초입부터 연 녹의 잎들은 졸음에 겨워 꾸벅거리고 비틀거리는 낯설은 그림자 위로 배회하는 한 남자의 저음이 곡소린지 말소리인지, 축축한 안개와 섞인다. 별들도 살갗을 감춘 밤, 고목위로 새소리 카랑카랑 어둠을 헤집는 천만년 계속돼온 생존의 밤엔 천개의 마음이 모두 다 살아 있구나.

– 양윤정 시인의 시 〈밤소리 가득한 날〉 전문